사랑에 관한, 짧은

문예바다 서정시선집 4

사랑에 관한, 짧은

한영옥

문예바다

| 시인의 말 |

끊임없이
당신을 그리워했습니다.
아직도
우리는 만나지 못했습니다.
끊임없는
당신 앞에 여기 오랜 호흡을 놓습니다.

2021년 7월
한영옥

차례 | 사랑에 관한, 짧은

시인의 말 5

제1부 왜 그토록 눈부셨을까

구름 앞에서	12
신문訊問	14
만났다는 사실이	15
꿈의 판타지	16
눈물 몇 방울	18
나의 눈물 넘치면 당신도 넘치고	19
왜 이토록	20
앞모습을	22
너 땜에 내가 얼마나 부풀겠느냐	24
사랑에 관한, 짧은	25
산수유꽃	26
이번 봄	28
막연한 생각만이	29
안개편지	30

벌써 사랑이	31
그 말씀이	32
키스	34
눈물기름	35
다시 하얗게	36
그 하루, 아주 달았네	38
기다리는 동안 이글거렸다	39
쏜살같이	40
물크러지는	41
용담꽃은 용담꽃 아니었다	42
아득바득하는가, 나는	44
그랬었던 것	46
지금 내게는	48
사람은 사람을 생각한다	50
비장悲壯	52
봄비로 가을비로	54

제2부 날 바라보는 널, 나도 바라본다

지금, 느낌	56
네 빛깔, 참 좋았다	58
기다려 달라	60
벌판에서	62
은사시나무, 겨울	64
이제야, 당신을	66
저녁 꽃	67
마음사람	68
꽃 피는데	69
6월, 가득하여라	70
날 바라보는 널, 나도 바라본다	72
여름편지	74
가슴소쿠리	76
먼저 겪었다고	78
갸웃갸웃 달개비꽃	79
저만치 네가 왔다	80

네 앞에 핀 얼굴은	82
억새풀	84
내 생각을 먹는 너	86
아슬아슬한 몸	87
슬쩍 편안하다	88
다만 내게 있어서	89
모르는 척	90
그날	92
좋은 사람, 더없이	94
변함없으서서	96
너를 꺼내 보며	97
널 내다 버렸었다	98
저녁나절의 노래	100
마알간 날	102
울었던 여자들	104
솟는 풍경	105
서정抒情을 향하다 •시를 위한 단장斷章, 다섯	107

제1부

왜 그토록 눈부셨을까

구름 앞에서

네가 여러 번을
여럿에게 피웠던 향기를
내게도 쐬어 주었을 때, 너의 거짓이
왜 그토록 눈부셨을까

걸어가도 걸어가도
온전히 속 풀리지 않던 그리움에
그만 두 손 들고 싶었던 걸까

무너지는 네 등허리에다 얼굴을 가리고
아슬아슬 웃고나 싶었던 걸까

저녁나절 들길, 풀방석 깔고 앉아서
쉬어 가는 너의 정감을
조용히 붙들고 싶구나

그대여, 구름이여
여기 남아 함께 울자
유난히 맑아 가는 이 저녁에.

신문訊問

그리웁다고 말하라

사랑한다고 말하라

눈 감고 걷다가 실눈 뜨면

노을도 멈추고

바람도 멈춰서

으름장 놓는구나

살아 있는 날의 배경들은

언제나 가혹한 신문.

만났다는 사실이

나보다 불쌍한 이 있을까
마음마다 불 지피고 있을 때
눈 밝고 귀 밝은 그대는
나의 마을에 오셨다
마음마다 물이 끓어 넘칠 때
그때부터의 마음고생은
꽃 지우는 일 아니라
꽃피우는 일이기도 했지만
우리들 외로움이 어깨 다치지 않고
마주 잡은 손 안에서 잠들게 하는 거
먼 산 우러르며 살아왔는데
더 먼 산 우러르며 살아야 한다는 거
만난다는 일이, 만났다는 사실이
만나기 전의 징소리보다 더욱
우렁차게 퍼지도록 하는 거.

꿈의 판타지

매일 꿈으로 방의 향기를 간다

세상엔 안 쏘인 빛깔

세상엔 오지 않은 손길

세상엔 없는 세월

이쪽저쪽으로

꽃잎만 흩트리는 너

나 혼자서

꽃밭에서 꽃밭으로 질주하는

오, 짜릿한 외계外界.

눈물 몇 방울

이제는 가야만 한다고
끊어야만 한다고
마음의 칼날 세우면
눈물 몇 방울 가로막곤 했다
잠시 서성이는 사이에
나뭇가지엔 물오르고
연둣빛 촉, 눈 떠서
한쪽 팔을 붙들고
안단테 칸타빌레
안단테 칸타빌레
흐르는 봄 물소리로
허리를 끌어안았다
눈물 몇 방울이 지탱하는
아슬아슬한 생애
그렇게 봄날에 붙잡히곤 하였다.

나의 눈물 넘치면 당신도 넘치고

은사시나무 이파리 파르르
애절하게 떨지 않았다면
은사시 이파리 뒤에 묻은
한 올 당신을 어찌 보았을까
한 올 당신의 기미를,
지금 길게 흐르는 이 눈물 아니면
어찌 당신에게 가 보리라 맘먹었으랴
눈물 강이 밀어 주어 흘러가는 중이다
귀 막고 코 막고 송장헤엄으로 간다
막막함이 온몸으로 흐르고
당신이 스미는 기척에 눈 감는다
잠깐, 온전히 겹쳐 오는 당신
나의 눈물 적으면 당신도 적어지고
나의 눈물 넘치면 당신도 넘치고.

왜 이토록

결정적인 말이 곧 떨어지겠거니
자꾸 마음이 앞질러 간다
지쳤다고 좀 쉬어 가자고
차가운 돌 의자에 앉았을 때
네 결정은 이미 결정되었다고
마음은 굳어지고 있었다
소란스런 거리로 손을 잡고 나섰다
날은 흐리고 눈 아니면 비가 올 듯
이마 근처가 저려 왔다
간판이 우수수 떨어질 것 같고
몸이 깨지고 피가 흐를 것 같았다
이제 다 결정되었으리라
되받아칠 준비를 해야지
살금살금 네 손에서 내 손을 뺀다
왜 이토록 불안한 사랑이냐
가치도 없이 괴로운 탐색이냐

눈 아니면 비가 내릴 건데.

앞모습을

주고받은 편지를 돌려받자고
헤어지며 애인들은 말한다
헤어지는 애인들 벌써 애인이 아니듯
오갔던 편지들 이미 편지가 아니다
편지를 쓰는 순간 의미의 반은 가고
펼쳐 보는 순간 또 반은 날아간다
애인들은 백지가 된 편지를 보물인 양
내놓으라고 서로 으름장 놓는다
헤어지는 애인들이여
백지를 되돌려 달라는 허세 대신
헤어져 돌아가는 당신들 몸 틀어
서로의 앞모습을 천천히 훑어라
사람의 뒷모습은 슬퍼 보인다 하는데
어찌 뒷모습뿐이겠는가
눈 코 이마에 가득 고인 미련을
시든 꽃송이처럼 처연한 앞모습을

애인들이여 숙연하게 주고받으라.

너 땜에 내가 얼마나 부풀겠느냐

나 땜에 네가 얼마나 부풀겠느냐
너 땜에 내가 얼마나 부풀겠느냐
그냥 어울려야 했을 뿐이다
끌려도 가고 끌려도 오고
산에 가는 날도 있었고
강에 가는 날도 있었을 뿐이다
뺨을 대어도 보았고
가슴도 짚어 보았다만
피는 꽃 때문이었다
시린 강물 때문이었다
속는 기분이거나 말거나
속았다고 투덜거리거나 말거나
찰랑거리는 꽃잎 곁에서 어쩔 수 없이
찰랑거리는 강물 곁에서 어쩔 수 없이.

사랑에 관한, 짧은

짧음이라는 그 말은
너무 짧아 붙들 수 없네
짧음 곁에서 가쁜 숨 몰아쉬는 사랑은
더더욱 붙들 도리가 없네
이파리는 청청하늘에
꽃송이는 허허벌판에
뿌리는 캄캄한 벼랑에 뻗는
종작없는 나무 한 그루
온 밤을 기도로 지새워
간신히 형상을 세우려는 찰나
이파리는 이파리에게로
꽃송이는 꽃송이에게로
뿌리는 날카로운 벼랑으로
다시 뛰어 내려가네
한 그루 나무를 그릴 수 없었네.

산수유꽃

지금
참 좋다

툭 터지고 나니

이렇게
참 좋다

지난 계절 내내
나의 몰두는
스스로도 무서웠다

이마 가득 약 오른 집념
저벅저벅 저벅거리며
네 이마를 쏘아보았다

어찌 그리했는가
밝히지는 못한다
나의 몰두는 끝났으니

툭 터졌으니.

이번 봄

이번 봄 꽃 좋은 봄은
곧 지난봄 될 것이다
이번 사랑 잘 도는 아지랑이도
곧 지난 사랑 될 것이다
지난봄 꽃이 더 탐스러웠다고
되뇌는 이들은 많이 보았지만
지난 사랑이 더 어지러웠다고
지난 시절로 쓰러지는 이들은
많지 않았다

이번 사랑만이 격랑이다

흔들리는 이마를 다잡으려고
봄 창에 눌러 대는 이들
창들이 샛노랗다.

막연한 생각만이

포근히 감싸 안을 수 있으리라는
또 그렇게 안길 수도 있으리라는
막연한 따뜻함, 막연한 기쁨이 쏟아지고
눈발 속 거닐면서 흥건히 젖는 마음
가장이마다 올라앉아 눈꽃이 되었네
막연한 생각만이 그렇게 꽃이 되었네

사람은 사람을 다 감싸지 못한다는
사람은 사람에게 다 감싸일 수 없다는
분명한 떨림이 톱밥처럼 곧 떨어지고
톱밥 거둬 불 지피면 불꽃은 피지 않고
매캐한 연기만 목구멍을 쑤셨네
분명한 글씨들은 목구멍을 쑤셨네.

안개 편지

오늘 아침은 안개 짙으니
안개로 편지를 쓰려 한다
사실 그간 오간 편지들도
답답하고 뿌옇기만 했다
오늘은 더 듬뿍 안개를 담아
너를 천천히 쓰다듬게 하다가
너를 아주 지워 버리려 한다
네게 확실한 것들을 주려 했는데
선명한 시야를 닦아 주려 했는데
나를 지우고 너를 지우는 일에 닿았다
네게서 나를 지우고
내게서 너를 지우는
오늘 아침 안개는 너무 푸짐하다.

벌써 사랑이

벌써 사랑이 썩으며 걸어가네
벌써 걸음이 병들어 절룩거리네
그나마 더는 못 걷고 앙상한 수양버들 아래
수양버들 이파리 수북한 자리에 털썩 눕네
누운 키 커 보이더니 점점 줄어드네
병든 사랑은 아무도 돌볼 수가 없다네
돌볼수록 썩어 가기 때문에
손대지 못하고 쳐다만 볼 뿐이네
졸아든 사랑, 거미줄 가닥으로 남아 파들거리네
사랑이 몇 가닥 물질의, 물질적 팽창이었음을 보는
아아, 늦은 저녁이여
머리를 탁탁 두드려 남은 물질의 장난을 쏟네
캄캄한 골목에 들어 또 머리를 두드리네
마지막으로 물큰하게 쏟아져 내리는
찬란한 가운데 토막, 사랑의 기억
더는 발길 받지 않는 막다른 골목에 왔네.

그 말씀이

"당신을 천군만마로 얻었습니다"
무거운 말씀 저벅저벅 끌고
그때 마침 오셨습니다
나는 갑자기 엄청나게 불어났습니다
밤새워 만든 도시락과
착한 말씨로 적은 편지를 품고
동트지도 않은 캄캄한 길 나섰지요
새벽 역에서 까칠한 당신
호호 불어 녹여 보내려고요
아마 그때부터였을 겁니다
골목도 쓸고 이웃에 인사도 하고
그렇게 나는 많아졌습니다
천군만마를 얻었다는 그 말씀으로
나도 모르게 불어났던 겁니다
시간은 쏜살같았습니다
지금은 많이 줄었습니다

생각만큼 나를 키우지 못했어요
천군도 만마도 이제 옛 말입니다.

키스
― 뭉크의

캄캄한 돌덩이 되려고 몸부림친다

몸부림 끝나야 돌덩이 되는데

무작정 돌덩이 되겠다고

서로가 서로를

돌덩이로 앉히겠다고

몸부림을

시커멓게 몸부림을 친다.

눈물기름

눈물기름 내어 머리 다듬고
거꾸로 걸어갑니다
멀어져 가시는 뒷모습 보며
거꾸로 걸어갑니다
가까이 계실 거라 믿었던 당신

실은 먼 옛적에서의
단 한 번의 나타남이셨습니다
단 한 번 엷게 웃으시고
빠르게 돌아가시는 당신
빠르게 가실수록 고맙습니다
이제 몸을 돌리겠습니다

눈물을 기름이 되게 하셨습니다.

다시 하얗게

어느 날은
긴 어둠의 밤 가르며
기차 지나가는 소리, 영락없이
비 쏟는 소리 같았는데

또 어느 날은
긴 어둠의 밤 깔고
저벅대는 빗소리, 영락없이
기차 들어오는 소리 같았는데

그 밤기차에서도
당신은 내리지 않으셨고

그 밤비 속에서도 당신은
쏟아지지 않으셨고

뛰쳐나가 우두커니 섰던 정거장엔
얼굴 익힌 바람만 쏴하였습니다

다시 하얗게 칠해지곤 하는 날들
맥없이 눈이 부시기도 하고
우물우물 밥이 넘어가기도 했습니다.

그 하루, 아주 달았네

그 여자에게 한창
물오른 애인이 보내 준
복숭아 수북수북 담긴 소쿠리가
복숭아가 뭔지도 모르는 마을에 쏟아졌네
사랑은 꼭꼭 숨길 수 없는 것이어서
그 여자 이 집 저 집 나풀거리며
복숭아 몇 알씩 골고루 나눠 돌렸네
온 이웃이 복숭아 단물에 흠씬 젖어
그날 하루 여자와 함께 아주 달았네
그 여자 나풀거리며 찬사 받으면서
내년 이맘때를 또 기약하였나 보네
성큼 다가올 내년 이맘 때, 그러나
그 여자는 빈 소쿠리를 옆에 끼고서
한없이 들썩이며 흐느껴 울게 된다네
수상하게 그 하루 그래서 달았던 것이네
복숭아가 뭔지도 몰랐었는데.

기다리는 동안 이글거렸다

고갱을 기다리는 그 잠시
고호는 따끈하게 부푼 호밀반죽
칫솔 통에는 칫솔 두 개
붓꽃으로 피워 놓고
아른아른한 영혼 뜨락에는
쏟아지는 별빛 받아 널고
화실엔 해바라기 다발 들이고
불끈거리는 근육 누르며
고갱을 기다리는 그 잠시
귀를 베어 버릴 피의 시간은
까마귀 나는 보리밭에서
잠잠하게 잘도 자고 있었다
환멸이 기다리는 줄도 모르고
고호는 울긋불긋 괜히 부풀었던 것
마냥 이글거려야만 했던 것, 괜히.

쏜살같이

툭, 마음다리 끊어졌는데
어디로 해서 오겠다는 건가
머뭇머뭇 망설이다 끊어졌을 것인데
무슨 수로 이어 놓으라는 건가
끊긴 자리 벌써 먼지 날리는데
무슨 꽃 심어 흉한 꼴을 덮나
짐작했던 일 짐작대로 벌어져
흉한 꼴까지 그예 보고 만 것
풀풀 먼지 날릴 마음이었으니
먼지 되어 풀풀거리는 것인데
무슨 수로 도로 뭉쳐 놓으라는 건가
이쪽, 저쪽으로 돌아서서 눈감으면
뭉쳤던 세월도 하 겸연쩍어
왔던 길로 쏜살같이 내달아 갈 것인데.

물크러지는

세찬 빗줄기 폭포처럼 쏟아진다
내다뵈는 산벼랑이 줄줄 파인다
얼마 전부터 익기 시작한 산딸기
물크러져 휩쓸려 가고 있다
얼마 전부터 도드라지던 얼굴
빗속으로 내달아 휩쓸리고 있다
산딸기 쳐다만 보다가 그만 놓쳤다
오늘 비에 다들 쓸려가겠다
차라리 잘된 일이다
울먹했던 입맛 다시 돌겠다
애타게 하던 것 물크러지니
애타던 마음도 물크러지는구나
그래 편안해지겠다.

용담꽃은 용담꽃 아니었다

당신은 당신 아니었다
흙담집 창호문 안에서
쏟아지는 눈발 바라보는
가만한 웃음의 당신을
쏟아지는 눈발 속에서 보았다
눈발마다 스며드는
가만한 웃음 맞다가
나는 그만 그 방에 들었다
마주친 당신은 당신이 아니었다
당신 비슷하긴 했어도
용담꽃은 용담꽃 아니었다
청보랏빛 입술에 산그늘 걸치고
가을 풀섶으로 몸을 가린 꽃
하루가 잦아드는 어스름에
나는 그만 헤쳐 보고 말았다
용담꽃은 용담꽃이 아니었다

용담꽃 비슷하긴 했어도.

아득바득하는가, 나는

나도 나를 힘겹게 부러뜨렸듯
그도 그를 그리 꺾었을 것인데

진퇴유곡 나의 골짜기만 험하다고
흐린 밤하늘 맨발로 떠도는 별처럼
혼자 서럽다고 아득바득하는가, 나는

그도 그를 어쩔 수 없었기에
입 다물고 풀죽은 어깨 내리고
풀죽은 방죽 길 몇 걸음 걸어가다

싸리 울타리 쓰러지듯
삭아서 쓰러졌을 것인데
그날의 노을은 내 울음이라고

아득바득하는가, 나는

흉한 어깃장을 놓는가.

그랬었던 것

으스러지게 안기고 싶은 곳

꼭 네 가슴은 아니었을 것이지만

거기라도 어슬렁거려 보자는 쓸쓸함이

목구멍까지 그득 차오른 것이어서

너를 얼씬거리지 않을 수 없었던 것

그러다 멍하니 산마루 걸린 해 쳐다보자니

 서산 너머에서 네 얼굴이 붉게 번져 오고

그렇게 번지기 시작한 연애, 꽤 쓸 만했던 것

너를 살진 그리움으로 길러 낼 수도 있었던 것

그랬었던 것, 그렇게 내 손으로 길러

내 손으로 내다 버리기도 했던 것.

지금 내게는

꼭 당신이어야 할 까닭이 없이
지금 내게는 당신이지 나도
마침내 나일 필요는 없었지만
이렇듯 내게는 나이듯
이제 당신을 잡아 두지 않으면
당신은 흩어져 버릴 거야
나풀대며 떠다니다
떨어진 꽃잎 수북한 자리에 앉아
애써 생각을 늘이고 있지
떨어져 쌓인 마음이 들러리 섰던
진짜 마음은 무엇일까
그러나 더는 생각을 늘이진 못해
얇아지다가 생각은 끊어지고
얇아지다가 당신도 부서질 터이니
그냥 꼭 당신일 까닭이 없이
지금 내게는 당신인 거지

하얗게 꽃잎 진 자리에 앉아
당신을 꽁꽁 묶고 있어.

사람은 사람을 생각한다

나무는 나무를 생각하고
꽃은 꽃을 생각한다
한 나무가 흔들리면
또 한 나무가 어디선가 흔들리고
한 꽃송이 입술 내어밀면
또 한 꽃송이 어디선가 입술 내어민다
사람은 사람을 생각한다
한 사람이 한 사람을 생각하면
한 사람이 한 사람을 생각한다
나무가 나무를 생각할 땐
꽃이 꽃을 생각할 땐
총총한 별이 스스럼없이 또 뜨건만
사람이 사람을 꿈꿀 땐
수만 번 등불이 꺼지고
수만 번 등불이 다시 켜진다
하늘엔 별이 그처럼 빛나건만

지상엔 사람 속의 사람이
그처럼 깜박거리는 것이다.

비장悲壯

이루어질 수 없는 사랑을
이루지 않기 위하여
비극 〈르시드〉에서의 공주는
"나의 가장 큰 희망은
희망을 잃는 것"이라는
모순어법을 남기고 있다

이루어질 수 없는 것을
이루지 않으려는 희망
참으로 큰 희망이겠다

남다르게 장엄한 수목들에는
뒤틀리다 오그라든 뭉치들이 있다
바로 비장이다

뭉치를 비집고 나온

연두 움은 울컥한 속내일 터
속내를 더 알아보려는 건
지나침이다.

봄비로, 가을비로

보슬비 말갛게 얼비치고서
국수나무 순 소복소복해지면
국수나무 순 삶아 먹고
내처 장대비 쏟아지고서
국수버섯 소복소복해지면
버섯국 끓여 먹으며
서러운 밥때마다 눈시울 뜨거워
봄비로 떨구었습니다
가을비로 떨구었습니다
생각할수록 사랑이었습니다
국수나무 이파리도 쪼그라지고
국수버섯 피던 땅도 말랐습니다
어지간히는 생각한 것입니다
생각하라 하신 것입니다.

제 2 부

날 바라보는 넋, 나도 바라본다

지금, 느낌

좋아하던 것과 싫어하던 것이
사이좋게 엉키고 있다
마음이 가만히 내려앉는 느낌
부드러움이 간질이는 느낌
오랫동안 몹시 구하던 감각이다

지금 먼 길을 일 보러 가는 중
한나절 안에 가뿐히 매듭짓게 되리
눈을 좋아했던가
비를 좋아했던가
지금은 눈도 내리고 비도 내린다

마음이 또 한 마음 쓰다듬어 주는
미세한 여울 차창 가득 몽글거린다
일은 잘 풀릴 거라고
부드럽게 마무리될 거라고

진눈깨비가 오시는 거다.

네 빛깔, 참 좋았다

"오 분 전에 음악다실에 올라가
아직 도착하지 않은 너를 기다리다
다시 나무 계단 밟아 내려 거리에 섰다
세 시부터 내리기 시작한 눈발 끊이지 않아
쉽게 올 수 없으리라는
넉넉한 마음자리 펼쳐 놓고서
의식儀式을 거행하듯 한 방향만 응시했다
이토록 반짝이는 눈발은 처음이었다
네가 입고 올 눈발은 더욱 반짝일 것이다
이제야 네 빛깔을 보려나 보다
시간은 지나가고 추위가 몰려왔지만
내 마음은 경건해지고만 있었다
한 의식에서의 중요한 역할인 듯
우산을 천천히 치켜들었을 때
저만치서 손 쳐들고 뛰어오는 너는
믿을 수 없는 기적이었다

수북이 눈 쌓인 우산을 버리고
네 찬 손 으스러지게 쥐었다"고 회고된
그해 겨울 네 빛깔, 참 좋았다.

기다려 달라

둘레를 엮어 준 사람들
뜨겁게 사랑해야지

둘레를 허물기도 했던 사람들
소스라치게 안아 드려야지

모두 좋은 사람들
내 생각이 더럽히고
내 생각이 할퀴었다

생각의 꼭지에 들러붙은
비린 물기로 질척거리는
아직은 캄캄한 나의 밤

기다려라, 기다려 달라
꼭지 잘 떨어지고서

비로소 솟는 푸른 물줄기
힘차게 치켜들어 보겠다.

벌판에서

보아라
보아라

사람들 높이고 나니
사람들 높이 떠오른다

원망 버리길 잘하였다
깨어진 손거울 같은 원망

나중에라도 다시 쓸 데 없는
속 빈 중얼거림 잘 버렸다

벌판길 걸으며 마음 넓히니
사람들의 오만 가지 날갯짓

위태로울수록 아름답구나

오직 아름답구나

사람들 놓이고 나니
살자고 하는 일들 그저 어여쁘구나.

은사시나무, 겨울

은사시나무는 지금
사시나무 떨듯 떨지 않는다

본능적 고귀함만
맨살 가득 차올랐다

한결 높아진 우듬지에
별 한 송이 걸려 있어도

내 몫 아니라는 손사래로
방죽 가득 은빛을 끼친다

은사시나무와 은사시나무의
하염없는 격조 사이에
몸을 끼워 본다

사시나무 떨듯 떨었던
종작없이 후들거렸던
지난여름 비릿한 몸을.

이제야, 당신을

이제야 당신 웃음이
이제야 당신 울음이
정겨운 꽃나무였음을

마른 흙만 푸석거리는
빈 화분 즐비한 베란다

당신 따라서 논매러 갈 걸
당신 따라서 밭매러 갈 걸
함께 저녁 차려 먹을 걸

마른 흙만 담긴 화분에
이제야 당신 심어 놓고
듬뿍 물을 뿌린다.

저녁 꽃

그날 저녁 피는 꽃을 보았습니다
해가 떨어지고서도 꽃이 핀다는 일이
우리는 한 깨달음처럼 갑작스러웠습니다
저녁으로 기울어 가던 우리 사이를
무엇이 받쳐 주었으면 세워 주었으면
우리는 방죽에 주저앉아 잃어 가고 있었지요
그런데 슬그머니 저녁 꽃이 피어나다니요
여기서 저기서 꽃잎이 벌어지고
당신도 피어오르는 걸 보았습니다
아마 나도 그렇게 피어났겠지요
사는 날 중의 한 번은 기별도 없이
그윽하게 아름다웠습니다
눈물 가득한 몸이 꽃받침 되는
그런 날이 기별도 없이.

마음사람

그대와 대적하는 이 어깨의 힘
빼지 않으면 그냥 썩게 되리

썩지는 말아야지 마음 굴리다가
웅크린 채로 잠들고 말았는데
잠 속에 눈부신 마음사람 있었다

어깨의 힘 같은 건 보이지 않고
생각의 한없는 깊이가 눈썹 위에
은은하게 드리운 오래 찾던 사람

투명한 그의 손이 조용하게
힘의 찌꺼기를 거두는 순간
반들거리는 밤톨들 풀섶 위로
후드득 쏟아져 내렸다.

꽃 피는데

들나물 꽃은 봄에 피고
산나물 꽃은 여름에 피고

더러는 때를 놓쳐
여름에도 들나물 꽃 피고
가을에도 산나물 꽃 피고

더러는 너무 숨이 가빠
매운 겨울 울타리 밑에서
눈치 살피다가

여릿, 올라오는 꽃다지 꽃
누가 뭐래나
꽃 피는데.

6월, 가뜩하여라

멀리 계시던 당신들
우르르 오신다

은사시나무에게 오시는
은사시의 당신

자작나무에게 오시는
자작의 당신

미루나무에게 오시는
미루의 당신

옷깃 느슨히 오시는 품에
안기는 소리들 살풋살풋

참소리, 참바람

가득하여라 6월.

날 바라보는 널, 나도 바라본다

슬며시 내밀어 주는

네 밀국수 사발에

가라앉은 네 마음 건져 먹다가

그릇째 들어 전부 마셔 버리고

아까부터 날 바라보는 널,

나도 바라본다

이만하면 오늘 저녁 잘 저물겠다

저만치 검푸른 산 겹겹한 데서

간혹 불어오는 바람 몇 줄에

밀국수 빛 이야기가 실린다.

여름편지

그해 여름 쨍쨍한 날이 있었다
그날 좋은 햇빛 속에 들어서서
대책 없는 우리 사이 두들겨 말리려고
회암사에 올라 흘린 땀 식히고 있을 때
마당 한쪽 약수물 동그랗게 고인 곁에
동자승 한 분도 동그랗게 웃어 주셨다
동자승 고운 얼굴 반쪽씩 나눠 갖고
이 길 그 길로 우리는 내달았다
이 길이 그땐 그토록 먼 길이었다
어느덧 그때처럼 또 여름이다
그쪽이여,
그 길엔 연일 비단결 꽃잎 날리는가
이쪽 이 길에도 잡풀 꽃 그럭저럭하고
올여름 다행히 실하여 노을도 잘 흐르고
장단 맞추며 나도 이리 흥겨운 모양이니
기절한 우리 사이, 가만히 내다 버리겠네

그토록 먼 길이었던 이 길로 오던 길에
흥건히 불어터진 발톱도 이젠 빼 버리겠네
그해 여름 가뭇없으라고 불어오는 밤바람
아득한 그쪽으로 그어진 능선을 지워 가네.

가슴 소쿠리

쑥갓 꽃망울 같은

울먹한 표정 하나

몹시 파고든다

어릴 적 끼고 다니던

대소쿠리처럼 쿨렁

가슴이 깊어진다

텃밭에서 저녁 찬거리

뜯어 담던 소쿠리는

먼 훗날 가슴이 된다

저잣거리에서

저벅저벅 돌아온 당신의

저녁 설움 쓸어 담는

가슴 소쿠리.

먼저 겪었다고

장대비 모질게 쏟아져 쏟아져서

따뜻했던 꽃들 식은 끄트머리에

손 마디마디가 까질 듯 쓰라린데

누워 식은 꽃잎들 누워서도 꽃답네

도르르 말리는 저릿한 품 애써 내주며

나중 내리는 꽃잎들 다독거리네

먼저 겪었다고.

갸웃갸웃, 달개비 꽃

가는 사람 잡지 않고
오는 사람 막지 않고
비스듬히 열어 놓은 문으로
사람 사는 냄새 연신 흘리며
가는 사람에게 밥 싸 주고
오는 사람에게 밥해 먹이고
강물 같은 세월에 손 씻으면서
깊이 드는 잠 속만
갸웃갸웃하는 그 사람에겐
밥도 못 싸 주고
밥도 못해 먹이고
저릿저릿한 푸른 꽃 한 줌만
마른 손바닥에 올려놓는다
갸웃갸웃, 달개비 꽃
깊이 드는 잠 속, 그 사람 늘 푸르다.

저만치 네가 왔다

고된 하루 품 팔아
고무신 한 켤레 사고
저고릿감 끊어 보내고

질정 못하는 마음
간장 달이듯 달여
흰 구름 위에 한 종지 얹었더니

저만치 네가 왔다

잘 받았다고
잘 받았다고
휘파람새 앞세워

엷게 네가 왔다
그래, 저만치 너는

그렇게밖에는.

네 앞에 핀 얼굴은

네 앞으로 다가온 얼굴

몇 이랑 광년을 흘러

하필 게서 글썽이는

서늘한 눈망울이겠느냐

네 앞에 문득 핀 그 얼굴

가슴 안쪽에 넣어 보아라

영롱한 기억 도톰 잡히지 않느냐

허공에서 맘껏 구르며 같이 놀던

영롱한 구슬 한 알이

또그르르 굴러온 것인데.

억새풀

후회 없다

후회 없다

되뇌이는 목소리

기어코 끝이 갈라지는 사이사이로

굵은 눈물방울 뿌옇게 번져 간다

어쩔 줄 모르는 후회의 분광分光이여

흩날리는 진주 빛, 아슴한 춤이여

억새풀 빗자루 몇 자루 엮어야

뿌연 눈물길 정갈히 쓸어 갈까.

내 생각을 먹는 너

끊임없이 날 먹어치우는
네가 누구인지 나는 모른다
싸리꽃 피면 진분홍 들고
옥수수 익으면 연노랑 들고 와서
내 생각과 바꿔 먹는 너
하지 무렵엔 감자 한 알
목구멍으로 들이밀며
결국은 울게 만드는 너
언제든 너는 있었으니
너를 그리지 않을 수 없다
널 만나면 금방 알아보겠다
네가 먹어 버린 내 생각들
조 팝 조 팝
줄줄이 쏟아져 피어날 테니
밭두렁마다 하얗게 웃어 댈 테니.

아슬아슬한 몸

그가 없는 지금
입꼬리가 올라가지 않는다
아랫입술과 윗입술이
서로 말아 들이며
얼굴 속에 집어넣으려 애쓰고 있다
그가 없는 지금
팔들이 휘저어지지 않는다
왼팔과 오른팔이 서로를 접어
몸통 속에 처박으려 애쓰고 있다
그가, 대책 없는 뭉텅이를
쩍쩍 갈라 팔다리를 만든 그가
멀리 가 버린 지금
몸은 다시 반죽되고 있다
겨우 빠져나온 정신이
허물어지는 몸을 보고 있다
그토록 아슬아슬했던 몸을.

슬쩍 편안하다

입추다
마음 바뀐 게 분명한 날씨
슬쩍 섭섭하기도 했으나
저만치 물러나 쓰게 웃는 네게
더는 기웃거리지 않는 촉수觸手
손바닥이나 긁으며 어느새
슬쩍 섭섭지 않다
열망의 처음과 끝이
서로 외면하며 머리 돌리더니
자잘한 보푸라기나 날린다
떠돌던 보푸라기 몇 낱마저
잘도 사라지는 꼴 흘겨보다가
실해진 논이랑 밭이랑 너머로
죽어 버린 촉수 훨훨 날려 버린다
슬쩍 편안하다.

다만 내게 있어서

그만한 사람이 없다
내게 있어서는

그만한 풍경이 없다
내게 있어서는

봄바람, 그 사람이
치솟은, 그 풍경이

나를 꿈틀거리게 했다
나를 날아오르게 했다

다만, 내게 있어서
선뜻, 있어 주었다.

모르는 척

누구신가, 알게 모르게
나를 조금씩 망가뜨려 주시네

누구신가, 알게 모르게
나를 조금씩 기워 주시네

그래, 뭉글뭉글 뭉게구름

알고도 모르는 척
모르고도 모르는 척
오래 간수해 온 나의 힘이라네

순순하게 발길 받아 주는 들길
고마워 참 고마워 고개 들면
하늘이 오래 간질이네

그래, 뭉글뭉글 뭉게구름.

그날

그날 그곳의 버스정류장은
기다리는 사람조차 없이
무서운 폐허 위에 내던져져 있었다
나 혼자 벌판에 있다고 중얼거리며
오지 않는 마을버스 기다리다가
울음 터질 것만 같아 뒤돌아섰는데
어느샌가 등 뒤로 늘어선 사람들이
푸근하게 눈 맞고 있었다
사람들이 하얗게 피어 있었다
오후 세 시쯤
연한 바람자락 스치고
포근한 폭설이 있었던 그날
나의 기다림이
다른 사람의 기다림 속에서도
서성거리는 걸 보았다
나의 그리움이

다른 사람의 그리움 속에서도
스멀대는 걸 보았다
깨달음이 솜사탕 같았던 그날
동여맨 목도리 풀고
폭설꽃밭에 한참 잘 서 있었다.

좋은 사람, 더없이

보송보송했던
그 사람

내게는 더없이
좋은 사람이었는데

내게는
더없이

지난 밤 선선하더니
마른 바람 일어나
목화다래 터뜨리고

마른 풀 엎드린
방죽에 달맞이 씨앗
톡톡 떨궈 주다

목화송이 한 자루 따 담고
씨앗 기름 한 종지 받아서

좋은 사람에게 부치고픈 날
보송보송해지는 마음
고마워라.

변함없으셔서

오래 오래
변함없으시네요
변함없으셔서 감사합니다

변덕이 죽처럼 끓고 있는
치욕의 도가니 속에서도
전해 주시는 자작나무 몸 트는 강약에
제 몸의 강약을 싣습니다

자작나무 목소리 오붓하게 보내 주셔서
은빛 동네 그쪽으로 귓바퀴를 밉니다
엉겨 붙으려는 화염을 털어 냅니다

해마다 늘 감사합니다.

너를 꺼내 보며

사이좋았던 때 많지는 않았다 해도
얼마간의 시간은 버리기 아깝구나
입성入城의 험한 절차를 밟던
너의 추위에 동참하지 못했을 것이다
한참 늦어서야 너를 꺼내 보고 있다
제비꽃 두툼하게 묶어 온 적 있었지
제비꽃 그리 실한 꽃다발 될 줄은,
이제 무엇이 남아 있겠는가
꽃다발 고마운 줄도 모르고
덥석 받지 못한 게으름뱅이로서
게으른 만큼 한참 뒤떨어져서
펄럭이는 깃발 높이 게양하던
눈부신 널 올려다보고 있다
누가 제비꽃 다발을 안겨 주겠느냐
미안하다 미안하다 중얼거리는 나를
추녀 끝에 오래 세워 놓는다.

널 내다 버렸었다

모진 마음으로
널 내다 버렸었다

너로 인하여 이 마을
흉흉해진다는 소문에
바구니에 널 넣어
강물에 띄우고 말았다

캄캄하던 그 밤에
갈대 잎에 얼굴 베인 채
핏방울로 구르던 눈물
되짚어 너는 왔구나

널 버릴 때 숨던 달
오늘 밤 이리 와 계시니
널 건져 안기에 좋으리

이 마을 살림 다 버리고
따라오는 달빛 끌고 가리라
너를 꼭 안고서.

저녁나절의 노래

너를 잊어야겠다

너와 상관없던 하늘과

너와 상관없던 빛깔들

무심하게 텅 비었던 여백에

저녁나절 고개 수그리고 들어가

내 맘대로 팔 휘젓던 자유를

다시 누려야만 하겠다

속속 들어찬 배추 이파리

겹겹 쌓인 너를 잊어야겠다

내 맘대로 팔 휘저으며

보무당당步武堂堂 가야겠다.

마알간 날

이해 불가능에서
이해 가능으로

서서히 방향이 트이는
부드러운 기적이
저녁연기로 피어오르는

생각지도 않게
푸근해지는 그런 날은

만나는 얼굴마다 반가워
손잡고 뛰어오르고 싶어라

숨어 계시던 높은 바람
슬며시 내려오시는 높은 날들

마알간 날을 또다시
넉넉하게 기다리기로 한다.

울었던 여자들

사랑했던 여자들이 말짱하다
눈 주위가 벌겋게 부었던 여자들
고추잠자리처럼 말짱하다
마알간 몸으로 날기만 잘 난다
울었던 여자들이 뚝 그친
울음강으로 보낸 위로는
이제 소용없다
여자들은 즉시즉시
침 발라 위로를 반송한다
여자들 침 냄새가 벌판 가득
달콤하게 퍼져 나간다
풀뿌리들은 들큰하게 맛이 들고
울었던 여자들 다 말개졌다
고추잠자리처럼 하늘하늘.

솟는 풍경

길 건너려고
푸른 신호 기다리며 서 있는데
사람들 오고 가는 건너편에서
갑자기 풍경 하나 솟아오른다
이쪽저쪽에서 뛰어오시던 할머니들
서로 가까워지자 두 손 치켜들고
춤추듯이 달려와 와락 껴안으시더니
겅중겅중 솟아오르신 것이다
드디어 푸른 신호가 들어왔다
바삐 건너왔을 때 두 분, 할머니들은
벌써 위쪽으로 많이 걸어가셨다
솟는 풍경 나도 만들 수 있을까
어제와 그제 또 내일을 두리번거리며
아래쪽으로 더듬더듬 내려갔다.

서정 抒情 을 향하다

시를 위한 단장斷章, 다섯

1.

'나'라는 생명체가 있다. 의식이 찰싹 붙어 있는 채로. 아니 의식에 몸이 붙었는지도 모르겠다.

어쨌거나 의식이 구성해 준 세계 속에 나는 살고 있다. 그런데 이 구성이 불안하다. 나의 세계는 그들의 세계와 다름없는 건가. 나는 벌거벗은 임금은 아닐까.

오래 살았지만 아직도 이렇게 불안하다.

내가 혹하는 장미꽃의 매혹은 그들에게도 매혹인가. 나의 지독한 불쾌감은 그들에게도 지독한 감정인 건가. 알 수가 없다.

그럼에도 하늘 밑에 살고 땅 위에 산다는 엄연한 사실

감으로 수런거리는 동요를 가라앉히곤 한다. 불안은 실존의 '근본기분'이라고도 말하지 않는가. 이 말에 위안을 많이 얻는다.

 시적 감성은 세계와 나의 의식이 겹치던 순간의 느꺼움, 혹은 어긋나는 순간의 당혹과 외로움에서 발산된다. 이어 느꺼움과 외로움은 고조된 감정을 빠져나와 서정의 세계로 연마된다.

 나의 의식이 쏠리며 응집되는 순간의 아련함을 나는 코스모스(우주)의 기원에 대한 그리움 때문이라고 추정한다. 그래서 시편들은 연애감정의 결을 지니게 된다. 그리움에서 비롯하는 감정의 파문을 바탕으로 시의 분위기를 만들어 내는 경우가 많았기 때문이다.

 감정에의 함몰을 피하여 거리를 마련하고 거리로부터 조정되는 마음의 형세를 객관적 사태처럼 관찰하곤 했다.

 이렇듯 거리를 주어 글썽이는 주관을 조정하면서 등 뒤의 세계를 서툴게나마 받아 적곤 했을 것이다.

2.

"시의 천분은 놀라운 관념으로 우리를 현혹시키는 데 있는 것이 아니라 존재의 한 순간을 잊을 수 없는 것이 되게 하고 견딜 수 없는 향수에 젖게 하는 것이다."

위의 목소리를 얼마나 반갑게 경청했는지 모른다. 오랫동안 바라던 시작詩作의 길을 보여 준 그야말로 서정의 핵심을 짚어 준 경구였다.

위의 목소리는 밀란 쿤데라의 장편소설인 『불멸』의 앞부분에 자리 잡고 있다. 소설 속 여주인공의 아버지가 산책하면서 딸에게 괴테의 시 「나그네의 밤 노래」를 나직하게 읊어 준 뒤 위와 같이 시의 천분을 일깨워 준 것이다.

소설의 내용보다는 "존재의 한 순간을 잊을 수 없는 것이 되게 하고"라는 목소리에 오래 끌렸던 순간을 기억한다. 시에 대한 이야기를 할 때면 자주 이 경구를 인용하곤 했었다.

그런데 사실 쿤데라의 소설들이야말로 독자들을 "견

딜 수 없는 향수에 젖게" 만든다는 사실을 깨달았다.

3.

 일상의 말들을 영위하며 불편 없이 그럭저럭 산다. 그러다가도 문득문득 미진함을 느낀다. 세계에 대한 해상도가 높은 언어를 꿈꾸게 된다. 물에 오래 담가 둔 미역처럼 부글거리며 윤기를 잃어 가는 일상의 해이解弛를 꾸짖는 엄격한 '어떤 기운'이 언어에의 천착을 요구한다.
 그 기운에 힘입으며 자세를 가다듬고 몇 가닥의 문장을 꼬아 본다. 무늬를 넣고 사유를 넣어 한 조각 텍스트를 만든다. 이 절차를 통해 지향하는 세계의 해상도를 아쉬움 속에서 마련한다.
 한 편의 시는 이런 절차를 따른다. 지향하게 만드는 그 인력은 언제나 손가락만 가리켜 보일 뿐 실체를 보여 주지 않는다. 때문에 그것은 강력한 그리움이 되고 연애 감정을 고조시키는 기제가 된다. 사랑의 시편들은 그렇게 해서 만들어지곤 했다.
 보이지 않고 알 수도 없는 광막한 그 어떤 것은 분명

히 '있다'는 존재감으로 충만하다. 우주의 하고 많은 것들은 아직도 정체를 드러내지 않은 채로 우리의 그리움을 가혹하게 묵살한다. 서운하게 존재감만을 흘리며 서정적 자아의 애인이 되어 주기도 하고 고향이 되어 주기도 하는 그것, 우리를 그리움의 소용돌이 속으로 몰아가는 광막한 우주는 일점一點, 우리에게 견딜 수 없는 노스탤지어를 방출하며 입을 굳게 다문다.

그 입을 열어 한마디라도 들어야겠다는 불가능의 시도를 시는 멈추지 않는다. 무수한 실패와 함께.

4.

이번 손바닥만 한 시집 속에는 주로 '사랑'과 관련한 시편들을 쥐여 주었다. 우주의 무한을 가늠하다가 빈약한 상상력의 무능함에 잔뜩 웅크리고 있노라면 그리움이 일어나고 그리움은 구체적인 대상에게 투사된다.

여기서 비롯되는 연애감정은 다양한 빛깔로 얼룩진다. 이 얼룩들이 뒤섞이며 발산하는 비애감을 무심한 듯 상대하면서 감상感傷에로의 함몰을 막는, 그런 시편들이

만들어지곤 했다.

그래서 내 시 속의 '사랑'은 그냥 물질적 피사체처럼 덩그마니 놓여진다. 이 피사체의 물질성을 다소 냉소적으로 지켜보는 것, 물질의 변모를 탓하지 않는 것, 당연히 그리 될 줄 알았다고 끄덕이는 것이 내가 사랑을 관찰하는 방식이다. 이 방법이 사랑의 곤경으로부터 벗어나는 묘안이며 동시에 사랑을 지킬 수 있는 묘안이라고 터득한 모양이다.

신화들이 떠오른다. 뒤돌아보면 파국에 이른다는 경고를 받고서도 뒤돌아서서 너를 확인하게 만드는 사랑의 강박에 대한 신화들이. 조급증 혹은 강박증이 사랑의 완성을 방해한다는 걸 알면서도 피해 가기가 쉽지 않은 것이다.

다급하게 몰려오는 감정의 러시아워를 비켜서서 저만치 밀어놓고 물질화시키는 것, 시간을 흘려 넣어 주며 세계와 순순하게 손잡으려는 것이 나의 서정이라고 남의 일처럼 결론짓는다.

5.

내가 그려 낸 '사랑'의 물질성에 선명한 시선이 닿은 적이 있다. 시집 『아늑한 얼굴』의 뒤표지를 장식해 준 평론가 황현산 교수의 글이 그것이다. 아주 적확하게 나의 마음을 짚어 준 글이라 잊지 않으려 그대로 옮겨 적는다.

> 한영옥에게서 그 슬픈 사랑 노래를 이끌어 가는 어떤 힘에 관해 이야기한다면 그것은 비애가 아니라 비애의 재능이다. 하나가 없으면 모든 것이 없다고 비애가 말할 때, 하나가 없기에 모든 것이 있다고 이 재능은 말한다. 애절했던 사랑과 다시 되살아나는 슬픔, 그것뿐이라면 새로울 것이 없고 새롭지 않은 것이 면면할 수도 없다. 중요한 것은 그 슬픔의 존재 방식이다. 한영옥이 경험하고 이해하는 바의 슬픔은 산과 바다처럼 거기 있는 존재다. 다른 누구의 슬픔과 마찬가지로 이 슬픔도 그의 응어리진 감정에서 태어났을 터이지만 그것이 시인과 관계하는 방식은 냉정함이다. 기대와 애원과 비명에 눈감

은 어떤 물질적 기제, 그것은 무심하여 우리를 사랑하지도 증오하지도 않는다. 전적으로 무관심하기에 슬픔은 믿을 만하다. 이 요동하는 침묵 앞에서는 한 개인의 사소한 일상적 부침도, 운명의식까지도 지워진다. 객관적 시선이 확보되고 맑고 분명한 말이 생성되는 것은 이때이다. 소름 끼치도록 나직한 어조, 흔들림 속에도 부드러움 속에도 그 즉물성의 칼날을 감추고 있는 풍경의 세부들, 바람과 풀과 꽃들의 무심한 과학— 그것들이 또다시 슬픈 사랑의 주제에 선연한 내용을 담는다.

이해받는다는 기쁨과 고마움이 컸다. 귀하게 간직하려 한다. 나아가 나의 시편들도 읽는 이들이 이해받고 있다는, 위로받고 있다는 느낌에 닿았으면 힘이 많이 나겠다. ◉

20대의 한영옥 시인

사랑에 관한, 짧은

초판 1쇄 발행 | 2021년 7월 25일

지은이 | 한영옥
발행인 | 장문정
발행처 | 문예바다
　　　　등록번호 | 105-03-77241
　　　　주소 | 서울 종로구 삼일대로 30길, 21(종로오피스텔) 611호
　　　　전화 02) 744-2208
　　　　메일 qmyes@naver.com

ⓒ 한영옥, 2021. Printed in Seoul, Korea
ISBN 979-11-6115-135-9 (02810)

* 이 책의 판권은 지은이와 출판사에 있습니다.
　양측의 서면 동의 없는 무단복제를 금합니다.